그날의 양지

이원문
제48집

그날의 양지

이원문 지음

책나무

| 차례 |

제2부

제4부

제1부

고향의 달

잊을 수 없는 날
비춰주는 저 달이
이 마음만 비추겠나

동산으로
마당으로
기러기 보내는 달

누구의 모습이
어느 일에 떠오를까
기억은 오늘인데 그날이 멀어진다

소나기 목욕

누렁이 소 풀 짐에 인생을 배우던 날
기우는 해에 저녁 바람 먹구름 몰고 오고
보이는 집 아직 멀어 흐르는 땀에 옷 젖는다
건너야 할 개울에서 씻고 가야 하나
아니면 집에 가서 벗고 씻을까
준비해온 수건 비누 그 개울에 있겠지

개울 건너 내려놓은 짐 바람 불어 시원하다
바람만 불었겠나 한두 방울 빗줄기 굵어지더니
천둥 번개에 요란하게 소나기로 퍼붓는다
하늘 아래 나 하나 들녘에도 나 하나
힘들고 젖은 몸 피할 곳 없고
젖은 옷에 젖은 몸 마음까지 젖었다

이제 어떻게 하나 천둥소리에 번갯불 무섭고
젖은 땀 마르고 식은땀에 몸 젖는다
이왕에 버린 몸 다 벗고 하늘 보니
내가 아닌 누구인지 나도 모르겠고 번갯불 다시 한 번 나의 혼 빼앗는다
그렇게 죽을죄를 짓지 않았건만 천둥소리 번갯불
마음 눈 씻어 주고 나는 비누칠로 몸을 씻었다

동무의 구름

저 산 넘는 흰 구름
다시 볼 수 있다면
동무들 모아 그곳 찾을 것인데

줍고 따 모은 것
주머니의 네 것 내 것
그 욕심 꺼내어 서로 나누고

산으로 들로
봄날에 꽃 한 아름
여름날 냇가 찾아 물놀이 즐기고

그러다 기러기 날면
메뚜기 따라 달리며
동산의 달맞이도 함께할 것인데

파도의 노래

밀려와 부서지고

다시 밀려 휩쓸고

누구의 흔적이

이 자리에 남을까

묻힌 조개껍데기

깨진 소라 껍데기

기다린 그 하얀 시간

다시 묻힌다

고향의 향기

뒷동산 오르는 길
들꽃도 많았는데
내려오며 바라보면
파란 들 한눈에 들어오고

그 지나는 구름 어디쯤 갈까
뻐꾹새 울음 멎는 듯
논병아리 우는 소리
내일이면 논 가운데 뜸북새 울겠지

옥수수의 꿈

뒷문 밖 옥수수 잎
세월 젓는 소리
비벼가며 젓는 소리
그 세월 울린다

베게에 얹진 백발
여기에 나 누구요
보기 싫어 일어나니
끌리는 몸 뭉쳐지고

끌고 끌어내다 본 밖
문바람에 시리다
그 잠깐 단몽이
마지막이 되려나

허기의 노을

파란 하늘이
노란 하늘 되던 날
그 하늘에도 구름이 흘렀다
흘러도 그 구름 노랗지 않았고
흰 구름 그대로 나 데리고 산 넘었다
넘는 곳에 산만 있었겠나 강도 건너고
들 지날 무렵 캄캄한 밤도 있었다
바람이 모는 대로 안 다닌 곳이 없었고
춥고 더웠던 날에 그 많은 이 표정 읽느라
미안한 나에게 할 말도 없었다
가혹한 그날들의 시험대에 오른 나
무엇을 배우고 얻고 잃은 것이 무엇이었나
세월이 잡아주니 여기에 머물렀고
찾아갈 곳 없어 뿌리치지 못했다

늙은 유월

궂은 비 하염없이
창호지 적시고
추녀 끝 낙숫물
지난 세월 녹인다

저녁 무렵 가로막은
저 구름 언제 걷나
발떼기 위 청개구리 울음
그칠 줄 모르고

앞 논 맹꽁이 울음에
눈언저리 뜨겁다
저 구름 걷히면
동산의 달 뜨려나

청개구리 맹꽁이
눈언저리 달구더니
뜨는 달에 큰 개구리
밤 베게 적신다

때 묻은 그날

눈 안의 시간은 닦으면 닦이는데

흘러간 세월은 갈수록 안 닦인다

털어서 운명에 담아 몇십 년이 되어도

그 운명의 한곳에 앙금만 남을 뿐

다시 닦아보려 회상 섞어 문질러도

추억의 상처까지 더 얼룩져 찢어진다

쏟아버린 그 앙금에 무엇이 섞였나

때 묻은 그날 노을 져간다

시골뜨기

아 시원한 바람
저 멀리 파란 들 하얐었는데
추워 이 자리에 있을 수 없었고
그래도 나무 한 짐에 땀 흘러 내려놓으면
저 하얀 들녘이 포근하게 보였지
오르는 길 이 가장자리에 그 많은 들꽃들
찔레 넝쿨에 쌓인 눈 언제 녹았나
바람 불어 털리는 눈에 방울새 추웠고

이제 시원하니 시원해서 여름인가
해 떨어져 저녁연기 집집마다 오르던 날
추웠던 이 고개가 살을 도려냈는데
다시 찾은 뻐꾹새 산새 울음 고요하다
저 들녘 어느 곳에서인가 뜸북새 울겠지
밤이면 유화 등불에 반딧불 날으고
여름 고개 옛 고개 바람 불어 시원하다
며칠 후 가을이면 메뚜기 날겠지

그냥

잊지 않았겠지요
큰 날 작은 날
숨은 날 감춘 날

어제 같은 오늘
그 기억이
기다리지 않을까요

처음의 그날이
찾아온 시간
나 누구인지 모르겠어요

바위섬의 일기

떨어져 쪼개진 돌

파도에 깎인 돌

이 섬의 그날은

무늬로 남았는데

다녀간 이 흔적은

아무것도 없어요

먼 훗날 찾아도

오늘 같겠지요

인심

조금만 덜어내면
우리가 되는 것을
눈높이를 낮추면
이웃이 되고

나의 디딘 발도
높고 낮았나
알 수 없는 처지에
더불어 사는 세상

저울 눈금 하나 줄여
우리로 함께하면
그 보람된 마음
얼마나 흐뭇한가

고향 길

나 어릴 적 이 길을
저 보이는 저곳이 나 어릴 적 길이었나
좁다란히 풀숲에 언덕길 없어지고
굽어 돌아가던 길 곧아져 집 지어 있다
치마폭에 매달려 어머니 따라다니던 길
장날에 떼일까 울며불며 쫓아가던 길

책보자기 둘러메고 집으로 오노라면
노란 참외밭 가지 주렁주렁 열리고
방아깨비 잡아 발 떼어 날리면
아파도 그 방아깨비 멀리 날았다
한겨울 시려운 발에 손 곱아 불던 길
자라서도 그 길로 소 몰고 다녔다

뜸북새의 기억

배고파 슬프고

외로워 슬픈 나

또 하나의 내 인생

나 홀로 남았네

뜸북새 뜸북 뜸북

저리 슬퍼야 했는지

이 골짜기 여기의 나

찾는 이 없었네

세월의 거짓

잊은 날에 잃은 날
얻은 날도 있었고
버린 날도 있었다

얻은 날 하나에 기다렸던 시간
그 내일도 이제 기다릴 것이 없다
더 잊고 버릴 날도 다 가버렸다

길었던 밤낮이 이렇게 짧은 것을
세월은 시간에게 어찌 길 것처럼 보라 했나
내일이 있을지 오늘에게 묻는다

고향 그림

추억에 보는 그림
풀잎새 하나에서 흐르는 냇물까지
어느 것 하나 빼놓을 수 있겠나
그 놀던 바위 하늘에 구름 되고
옥수수 밭 수수 밭 노을 져 간다

달 뜨는 밤이면 까막 칠에 하얀 점
하얀 점 하나에 무엇이 들어 있나
찍어놓은 별자리 흘려놓은 은하수
한순간 스쳐 가는 겨울 눈발까지
그날들이 그린 그림 허공에 펼쳐진다

오솔길

돌뿌리에 차이는 길
새소리 고요하고
나무에 가린 하늘
햇빛 살짝 비춰준다

잦지 않은 도랑물
풀 사이에 피어난 꽃
가만히 들여다보면
나름대로 다 예쁜데

옛날에 이 꽃을 어찌 지나쳤는지
돌아보는 인생의 길
눈시울이 뜨거운 길
그날도 오늘도 나와 함께 걷는다

개복숭아

우리 집 울밑에
개복숭아나무
한 그루가 있었는데
진딧물에 상처 많아
진 흘러 못 오르고
가지 휘어 따먹으면
시고 떫고 쓴맛도 약간
모두가 껍데기뿐
씨는 왜 그리 굵었던지

고향 아이들

세월에 묻어간
그날의 기억들
그 동무들 어디서
무엇하고 있는지

싸워서 밉던 얼굴
아련히 그리웁고
다녔던 곳 놀던 곳
그 봇물에 어린다

끊어진 고무줄
누가 끊어 끊겼나
웅크리고 앉아
설게 울던 식모 아이

할머니 놀려대다
붙잡힌 아이
참외밭 가지 밭
누가 먼저 가자 했나

이 모두 쓸어안은
뒷동산의 보름달

네 잘못 나의 잘못

구름으로 가려준다

제2부

노을의 사랑

인연을 꽃피우며
노을 따라 걷는 길
둘만의 내일에
행복을 묻었지
그 다음 사랑은
저 노을에 묻었고

맹세의 약속에
손가락 걸던 날
다가와 가까워도
더 먼 것 같았는지
그 작은 꿈 하나에
영원을 빌었지

창밖

한 잔의 커피에 울적한 마음

여기의 나 어디에 와 있나

내리는 비 맞는 듯 초라한 시간

빗줄기에 섞인 그날 창가에 스쳐 간다

다 버렸는데 버릴 것이 더 있어야 했나

잊어야 할 모습까지 낙숫물에 패이고

함께 가자 먼 훗날 뭉게구름에 숨은 행복

그 바다 파도에 모두가 휩쓸린다

감자의 노을

마당 끝 양은솥

김 서려 들먹대고

마루 끝에 울던 막내

빙그레 웃는다

멍석 위 밤하늘

누구의 별이 더 많은가

모깃불 쑥 연기

부채질로 젓는다

뻐꾹새 떠나는 날

보릿고개의 너
네 울음에 아이들
얼마나 울었겠니

등에 업혀 우는 동생
뽕나무 밭 우리 엄니도
네 울음에 울었고

그 무렵 아카시아 꽃
그 아카시아 꽃 훑어 쥔 아이
너는 기억하는지

이제 너의 울음도
메아리에서 멀어지고
유월 그믐 칠월이면 뜸북새 울겠지

고향 바람

보리밭에 부는 바람
나물바구니에 담기고
여름날 원두막에 쥔 부채 접는다
어느 바람이 시원한들 고향 바람만큼이나 할까

나부끼는 벼 잎새에 뜸북새 울음 처량하다
가을날 털어대며 낙엽 굴림의 허무한 마음
냉정한 겨울 소나무 빌어 어머니 살 도려낼 때
문풍지의 그 한 세월 어느 인생을 울렸나

파도의 기억

밀려와 부딪쳐

물거품이 된 그날

조개껍데기 소라의 꿈

어디에 묻혔나

지워진 먼 훗날

파도 소리 외롭고

찾아도 없는 흔적

그리움만 쌓여간다

유화 등의 기억

유화 등 가물가물

더 멀어지고

반딧불 가까이

이 논 저 논 넘나든다

아련한 고향 칠월

타향살이에 덮이는 밤

굽어 흐르는 냇가에

아이들 소리 들린다

하늘

하늘이 주는 교훈
나뭇가지 사이로
뭉게구름 흐르고
그 잎새 흔들리듯
마음도 흔들린다

벗어나 더 높이 올려보면
날으는 새 어디로 가는지
저 하늘 높이 맑은 날만 있었겠나
근심 가득 괴로워 멀리 바라보았고
외롭고 슬프면 높이 올려 보았다

친정 가는 길

그때 제비 집을 왜 못 보았는지
친정 가는 길은 떠날 때와 찾아갈 때가 다른 것인가
멀리 저곳은 나물바구니 내려놓던 곳이고
이쪽으로 우리 밭 기슭은 찔레꽃이 피었던 곳인데

저 앞 냇가의 미나리 올려 보면 진달래도 많이 피었고
더 어릴 적 생각하면 이 아래 집 마당은 동무들과
고무줄놀이에 머리끄댕이 당기며 싸웠던 곳이 아닌지
내 투정 받아 주며 거둬 먹였던 우리 엄마

이제 백발에 그 세월도 저물어 가는구나
이 언덕 위 흐르는 구름은 그대로이건만
여기에 피었던 꽃들 다 어디 갔나
우리 엄마 안 계시면 여기에 몇 번 올까

여름 생각

이 앉은 부채질에 또한 세월 가는구나

때 되면 이렇게 파랗고 하얀 것인가

초복에 중복 말복 뜨겁고 서늘하고

논 가운데 저 뜸북새 어찌 저리 처량한가

옥수수 수수 잎 찬바람 싫어한다

장독대 봉숭아는 그 마음을 아는지

그늘이 시려워 부채 내려놓으니

마른 땀에 닫은 문창호지에 그늘진다

먼 그림

돌아보는 먼 그림
그 먼 그림을 어떻게 그려왔나
그려야 할 그림에는 무엇을 그리고
아련히 그 세월에 그려진 그림들
어떻게 그렇게 그릴 수 있었나

이제 빛바래어 흐려져 얼룩지고
어느 것은 선명하게 그대로 남아 있다
누구의 어느 인생이 이 그림만이나 할까
그 세월에 묻어간 피 마른 그림들
어제 눈 안의 것도 저 허공에 띄우련다

세월의 강

춥고 무더웠던 날
그늘에서 바라본 강 춥기만 하구나
접히는 부채에 그 세월도 접히고
네 흘러 떠나면 다시는 못 올 것인데
그래도 계절은 다시 찾아주는구나

강바람에 마르는 땀 이것이 세월인가
떨어진 네 낙엽은 그 마음을 아는지
이 언덕의 저 억새 꽃 찾는 이 누구요
눈보라에 배 묶이면 아니 찾을 것인데
얼어도 강물은 숨어 흘러가는구나

칠월

초복에 중복 말복이라
말복은 아직 서너 날 남았는데
절기의 초복 중복 칠월 안에 들어 있다
듣기만 해도 뜨겁고 무더운 날
그래도 말복은 아침저녁으로 다르다
이 더운 날이 며칠이나 될까

흐리고 비오는 날 넘는 해에 밤 빼고 나면
그도 며칠 안 되는 무더위다
부채질 몇 번으로 보내야 하는 무더위
옥수수 잎의 가르침을 어찌 모르겠나
뜸북새 떠나면 봉숭아 외롭고
긴긴날 한여름 뜨락에 숨는다

장마의 밤

우리 아버지는

무섭지도 않은지

불 번쩍 천둥 번개에

바람막이 등불 들고

물꼬 보러 가셨다

칠월의 메아리

칠월의 메아리는 슬픈 메아리
앞산 뻐꾹새 울음 멀어지더니
뽕나무 위 청개구리 보슬비에 울어댄다
울타리 밖 메아리는 슬픈 것인가

앞 논 맹꽁이 뜸북새 울음은 어떠했나
적막에 들리는 초가의 메아리
이 한여름 고요히 낙숫물에 젖어들고
뜨락의 두꺼비 길을 나선다

버섯 따러가는 길

이 산에 오를까
저 산을 찾아갈까
얼마를 따겠다고
이 소쿠리를 들고 왔나
비 그친 먼동 훤히 밝아 시원하고
나무 밑 이곳저곳 눈길이 안 떨어진다

먹는 버섯 못 먹는 버섯
예쁜 독버섯은 왜 이리 많은지
어느 것은 구분이 어려워 함께 따는데
집에 가면 어른들이 다 골라내겠지
이것저것 반 소쿠리 그냥 내려갈까
독사에 벌집 건드릴까 마음 조인다

파도의 사랑

밀려와 부딪쳐

물거품이 된 먼 훗날

파도의 작은 꿈은

그렇게 부서져야 했나

마지막 찾은 바다

파도 소리 외롭고

잊어야 할 그 약속

이제 그만 가자 한다

도라지의 꿈

소꿉놀이의 너의 꽃
네 보라색 새하얀 꽃
아직 나를 기다리고 있는지
네 꽃 풍선에 작은 꿈 담던 날

나 여기에 다시 올지 기약이 없었어
보고 싶어 찾았고 그리워 찾았던 너
단발머리 하얀 꽃은 이제 나를 잊었나봐
찾아도 없고 불러도 대답이 없어

비의 영상

창밖의 빗줄기는 굵고 가느란데
지나간 그날들은 가늘기만 했었는지
섞인 욕심이 굵은 것도 아니었고
채움의 주머니도 많지 않았다

그저 작은 욕심으로 큰 줄기를 못 보았을 뿐인데
삶은 냉정히 그 가느다란 것도 줄이며 몰아왔다
창밖을 바라보며 꺼내어 보는 지난날들
이 몸 어디서 무엇을 했었나

어머니의 바가지

하루해의 길이는 뜨락에 있어 알겠는데
팔월이라 구월 해는 담 넘어 있어 모른다
저 해 넘어오면 봉숭아 꽃 떠나고
뜨락에 맨드라미 가을맞이할 것인데

항아리 속 거미줄은 그 해를 아는지
걸쳐질 보릿고개 거미줄 뭉쳐대고
바가지 닿는 소리 가슴 철렁 근심된다
찬바람에 된 내기 언제 앉을 것인지

제3부

고향 바다

갯벌 어머니의 꿈에
밀물도 있었고
썰물도 있었다
나의 꿈은 모래 뭇에 있었고

바위섬 위 갈매기
흰 갈매기의 꿈은
어디에 있었나

기다려야 하는 어머니
모래성 높이 쌓아
두꺼비집 지을 때

두꺼비는 뭉게구름에
나의 집을 지었다
밀물에 달려오는
어머니를 부르며

칼국수

마당 끝 화덕에 양은솥 걸어놓고

멍석 가득 열세 식구 노을에 젖는다

밀가루 반죽은 어머니의 책임

밀어 썰어 넣는 것은 할머니의 책임

우물 둥치에 호박 파 누가 씻고 다듬을까

입이 나온 둘째 언니 훌쩍거리고

그 다음 설거지는 뺀질이 언니 책임이었다

그 언덕

지금쯤 아이들 칡넝쿨 끊겠지
오르다 보면 볼 것도 많았는데
먹일 소 풀 억새에 산딸기 숨어 있고
모르는 이름의 그 많은 들꽃들
내려다보면 파란 들녘 뜸북새 소리 들리고

그 뭉게구름 흘러 흘러 어디로 가는지
어느 때에는 멀리 무지개도 걸쳐 있고
오르며 오른 언덕 꼭대기에 올라서면
마차 위 방앗간 아저씨 누구네 집 찾아갈까
바람 시원히 가슴에 담던 날 내일이 오늘 되어 다시 오른다

언니의 투정

지고만 찔레꽃에 아쉬운 언니

들고 나간 바구니에 무엇이 담겼었나

이 여름 무더위에 옷 고르며 투정하고

고상한 척 웃음 잃고 웃지도 않는다

눈치의 어머니 저 애가 왜 저럴까

아픈데도 없는데 밥도 거르고

둘만이 아는 언니의 비밀일까

뜨락에 봉숭아 꽃 더 예쁘게 피어난다

긴 숨

그렇게 왔다가는 것을
하늘과 흙 그리고 물을 보아라
네 쥐고 넣을 것이 무엇이더냐

밝음이 있어 어둠이 있고
다시 밝아 눈 안에 넣은 것들
들리는 새소리에 무엇을 담었더냐

때맞춤을 넘나들며
디딘 발에 흙 털어내기를
네 어느 곳을 향해 어디로 가더냐

나비의 일기

네 마음에 드는 꽃이
어느 꽃이더냐
앉았던 꽃 모두 기억하는지

향기 또한 어느 향이
제일 좋더냐
맡은 향 모두 간직하고 있는지

한철 날아 모으고 모은 꿀
어느 꽃의 꿀이 제일 많더냐
낙화에 찾아가 다시 줄 수 없는지

참외밭

뭉게구름 낮이 옥수수 밭 위에 있고

아이들 모여 원두막 길 지난다

수박 참외밭 누구네 옥수수일까

서 있지 못하고 곁눈으로 보는 길

앉아서 쉬어갈까

봇물 찾아 그냥 갈까

떠나지 못하는 참외밭의 마음

꿰매 신은 고무신 벗어 들고 가자 한다

노을의 그날

잊혀진 기억인가
잃어버린 옛날인가
영상에 흐려진 옛 모습 떠오르고
만남의 그날 노을에 젖는다

가슴 두근 그 처음
손수건에 접었던 날
물드는 우리의 사랑
아름다웠었는데

이제 그 시간도 바래야 하는지
바래도 바래지 않은
손수건에 접힌 사랑
그날은 흐려도 뚜렷이 남아 있다

고향 섬

저 흐린 섬 저곳은
나 자라난 섬이었고
이곳은 그 어릴 적
꿈의 섬이었다

보이는 자라난 섬
보았던 꿈의 섬
자라난 나의 섬이
저렇게 작았었나

찾아온 꿈의 섬
다녀간 이 흔적 없고
소라 조개껍데기
쓸쓸히 묻혀 간다

섬 처녀

누가 나를 부르나

찾는 이 누구인가

한낮 외로움 파도에 쓸리고

보이는 섬 쓸쓸히 날마다 그 섬이다

내일의 오늘

문밖 나서며 무엇을 했는지
그 시간 안의 그 일은
그렇게 알겠는데
스쳐 간 눈 안의 것은
몇 가지뿐 다 잃었다

그러는 디딘 발은
얼마나 알겠나
집었다 놓은 손은
무엇을 잡았고

귀에 담은 내일이나
주머니 속 욕심이나
한몫에 보는 저녁이면
그 몇 가지인 것을
온종일 어디서 무엇을 했는지

거미줄 인연

알면서 못 버리고
버릴 것 같으면서
못 버린 그날들

그렇게 모르고
맺어진 인연인데
이루어질 것처럼
다음에 꿈 묻었나

거미줄에 매달려
손 잡아주던 날
덮는 세월에 덮여야 하는지

여름 낭만

멍석 펴놓은 문간 바람 시원도 해라
벗겨놓은 간난이 무엇이 저리 좋을까
우물 둥치 물 끼얹느라 할미도 모르고
저것이 아쉬워야 할미 찾을 것인데
아직은 아쉬운 게 없어 할미를 잃었겠지
들에 나간 아이들 언제 오려나
해 기울어 뜨락에 그림자 생기는데
문간 개도 더운지 줄 풀어 달라 끙끙대고
혀는 열두 발 내민 혀에 땀 맺힌다

보이는 옥수수 밭 옥수수 잎 살랑대고
한 조각구름 그림자로 덮는다
두레박 속 참외 수박 시원하려나
저녁 되면 호박 넣고 수제비도 떠야 하고
불러도 못 들은 척 간난이 즐겁다
저 소쿠리 내리면 얼른 뛰어오겠지
부채질에 가는 세월 옥수수 잎 알고 있다
길고 먼 매미 소리 이것이 세월인가
눕자니 허리 배겨 못 누워 있겠고
바라보는 옥수수 잎에 눈이 안 떼어진다

매미의 고향

원두막 부채질에 낮잠 재우더니
저녁 무렵 보리 짚에 연기 피운다

저녁 매미 울음에 울고 웃던 날
멍석 위 밤하늘은 누구의 것이었나

길고 짧은 매미 울음 보리밥 뜸 들인다
밥투정의 막내 울음 멎지 않았는데

파도의 계절

봄 섬 피는 꽃에
못 잊을 추억인가

찾아온 여름 바다
바위섬 외롭고

가을이면 쓸쓸히
마음 빼앗는다

여민 옷의 추운 겨울
돌아서야 하고

여름 꽃밭

우물 둥치 가는 길
좁다란 꽃밭
한 발 더 떼면
뜨락 나오고
옆으로 돌아가면
장독대 나온다

주운 돌 모아 쌓아
삐뚤은 꽃밭
띠 두른 사금파리
누가 주워 둘렀나
가장자리 채송화
가운데에 과꽃

저 한곳에 곱게 핀
봉숭아꽃 예쁘다
나무 가쟁이 잃은 나팔꽃
누구의 손에 올려질까
지나가는 까막 개미
봉숭아 꽃 바라본다

낙화(落花)

낙화에 부는 바람

어찌 꽃이 좋아할까

기다리는 벌 나비

건너뛰어 앉는다

밀떡

삼복 중 초복이라
어제부터 할머니는 생각이 깊으시다
텃밭 호박잎 따 소쿠리에 담고
이리저리 뒤적뒤적 애호박을 고르신다
아직은 크지 않아 고구마보다 작은데
그래도 쓰일 만큼 서너 개 따놓고
약 오른 고추 몇 개 함께 따 담는다
혼잣말에 바쁘신 광문 여는 할머니
밀가루 항아리 열어 깜짝 놀라 이게 뭔가
엷은 거미줄 거둬내신다

들고 간 양재기로 서너 양재기 푸시는 할머니
애 어멈아 이거 반죽하거라 하며
미리 준비하신 기름칠의 무쇠솥 뚜껑에
마당 끝 화덕 옮겨 삭정이 불 피우고
멍석에 앉은 식구 곁눈으로 바라본다
대견한 할머니 저것들이 다 어서 생겨났나
내 뱃속에서 생긴 새끼의 새끼들이 아닌가
고소한 기름 내음 담 넘어로 넘어가고
노을 진 저녁 마당 한곳의 흐뭇함
할머니의 큰마음 노을에 젖는다

청개구리의 밤

해 넘은 초저녁
잠 안 오는 밤
초가의 낙숫물
그 세월에 떨어진다

보슬비 부슬부슬
보이지 않는 밤
건너뛰는 낙숫물
무엇을 가르치나

등잔불에 보이는 듯
눈 안에 들어오고
울 뒤 청개구리
그 운명을 읽는다

젊은 날의 기억

철 따라 놓이는 길
걷다 보면 이 길이 아니었고
돌아보면 그 길도
눈 맞고 비 맞아야 했다

들리는 새소리를
알아듣지 못하는 인생
무엇을 찾으려
이 길에 들어섰나

저무는 줄 모르고
길 찾아 디딘 발
보았던 꽃 피는 꽃
이 자리에서 바라본다

제4부

시골뜨기

칡넝쿨 거둬 메고

내려오노라면

가을의 꿈 억새 잎

바람에 모아지고

기다림의 도라지 꽃

바위 옆에 잠이 든다

냇가의 밤

반딧불 이리저리
논 넘나들며 날으고
굽어 흐르는 앞 냇가
장마 끝에 물 맑다

이웃 언니 큰 언니
물 끼얹는 아우성
어머니 옷 챙겨 마중 나가고
할머니 지켜서 아이들 쫓는다

중복의 마당

화둑 솥에 끓는 닭죽

누가 많이 먹을까

머리 위 고추잠자리

이리저리 맴돌고

노을의 저녁 제비

높이 날아 젓는다

등대의 밤

기다린 파도는

옛날의 것이었고

별빛에 달빛은

등대의 것이었다

어머니의 여름

안으로 아이들
칭얼거리고
밖으로 텃밭 들녘
눈코 뜰 새 없다

이 들녘의 뜨거움을
아이들이 알겠나
뜨거워 두른 수건
이마에 땀 흐르고

더워 벗은 윗도리
땀으로 축축하다
사나흘 뒤로 한 밭
어느새 풀밭 됐나

호미 끝에 저문 저녁
손님 오면 어떻게 하나
석양에 저무는 들
아이들이 부른다

엄마의 고향

우리 엄마 고향에는
찔레꽃도 많았는데

나 자란 집 울 밑
개나리 피었고

보리밭 위 종달새
앞산 멀리 진달래

아빠 따라오던 봄
버드나무 춤 띄우고

기다림의 찔레꽃
우리 엄마 기다린다

바위섬의 고독

밀려와 부서지고
다시 밀려 부딪치고
바위섬의 파도는
그러해야 했나

절벽 위 갈매기
바람에 외롭고
쌓아올린 약속의 탑
기억의 섬 바라본다

엄마의 눈물

부채질에 못 박느라 방긋 웃는 우리 아가
이 여름날 씻겨 마루에 내놓으면
기는 마루 좁을세라 에미도 몰랐지
칭얼대어 안으면 눈 마주치다 잠들고

알아듣겠니 아가 모르는 매미 울음에
에미는 아가와 함께 그 시간을 읽는구나
매미 떠나는 시원한 가을날
그때는 우리 아가 아장아장 걷겠지

노을 마중

징검다리 건너 마중 나가는 길

노을 진 서쪽 하늘 아름다워라

누구의 마음이 저 노을에 얹어질까

이쪽으로 저쪽으로 더 짙게 물들어간다

노인

늙기 서러워라
모두는 철 따라 그렇게 가는데
이 늙은 몸 어찌하여 지나온 길 다시 딛나
늙었다 보는 눈에 눈치 보이고
아껴온 꺼내니 이것이 세월인가
입었다 벗은 옷에 마음 부끄럽고
디딘 발에 신 찾으니 그것도 아니다
야속한 거울은 그대로 비춰줄 수밖에 없었나
엊그제 그 청춘을 무엇하다 잃었나
마음이 골라준 옷 보따리에 싸놓고
거울 한 번 더 본 다음 옛날 찾아가련다
그 아름답던 날 찾아 다시 돌아가련다

보리밥

점심밥은

물 넣어 으깨야 하고

아침저녁 무른 밥은

비벼야 맛있다

반찬은 무엇으로

어느 반찬이 좋을까

점심 반찬 다르고

아침저녁 다르다

노을의 노래

저녁은 그렇게
부족하게 때웠어도

노을의 저녁은
부족하지 않았다

부르고 싶은 노래에
꿈도 있었고

그 꿈속에 넣은 노래
동요도 있었다

알몸

그때가 좋았는데
기억에 없는 시절 아랫도리 내놓고
윗도리 벗어 마루에 던지면
할머니 입어라 옷 들고 쫓아오던 시절

뛰어가다 넘어져 무릎 까지면
그 자리에 흙 발라 입으로 불고
태운 살에 더 태운 살
누가 나를 흉을 볼까

고무신도 귀찮아 들고 뛰던 시절
들로 냇가로 봇물 찾아 뛰던 시절
부지갱이 회초리로 잘못 맴질 때움에
옥수수 입에 문 한여름이었다

무더위의 기억

그래도 추운 것보다
더운 것이 더 낫다

도려내는 살보다
늘어지는 것이 더 낫고

바람 안 안으려 덮어쓰는 것보다
그 바람 안으려 벗는 것이 더 낫다

간사한 사람의 마음
여름 두 달 그 잠깐 그늘이 비웃는다

친구의 삶

네 다녔던 곳
기억에 있니

내 다녔던 곳
모으고 모으니

백 리도 안 되는
십 리 안이었고

몇 번의 십 리 밖은
삶의 것이 아니라

자꾸만 자꾸만
더 멀어 흐려져 가

저무는 참외밭

매미 울음 멀리 길고 짧게 느러지고
오른 원두막 석양에 노을 진다
한낮 무더워도 때 맞춤이련가
넝쿨 한곳 허연히 줄기부터 바래가고
잎새 또한 희긋하게 초복 전만 못하다

매달린 참외는 안 그렇겠나
때깔부터 다르고 주먹보다 더 작다
며칠 후 걷어야 할 쓸쓸한 참외밭
절기에 심어질 무 배추가 가라 했나
저무는 참외밭 이슬에 젖는다

찔레꽃의 그날

보릿고개 언덕에 피던 찔레꽃

마지막 본 작년에 그렇게 예뻤는데

하나의 세상이 열인 줄 알았던 날

들리는 아이 울음이 하나라 했건만

이제 하나라고 그 찔레꽃 볼 수 있나

다 속은 세월 열의 세상이 어디로 가자 하나

여름 생각

그늘진 징검다리
물살에 어리고
발 담근 흐르는 물에
마음 빼앗긴다

들여다볼수록
깊어 가는 마음인가
모를 마음 모를 생각
물소리에 젖어 들고

내가 누구인지
나도 모를 마음
돌 하나 던져
동그라미 그려본다

하얀 밤

홀로의 밤

누가 나를 부를까

버리고 내린 마음

눈 감으니 하얗고

그 하얀 마음

어서 잠들라 한다

매미의 추억

가을맞이 기러기 어디쯤 오나
말매미 참매미에 쓰르라미 무당 매미
멀리 미루나무 위 말매미 울음 늘어지고
저무는 참외밭 원두막 쓸쓸하다
이 놓은 부채 누가 쥐어 줄까

참매미 울음에 이슬진 아침
점심나절 쓰르라미 바람 몰이에 시원하다
그 덥다는 여름 아직은 더운데
저녁 무렵 들리는 무당 매미의 알림인가
옷깃에 스친 바람 가을 문 두드린다

이 도서의 국립중앙도서관 출판예정도서목록(CIP)은 서지정보유통지원시스템
홈페이지(http://seoji.nl.go.kr)와 국가자료공동목록시스템(http://www.nl.go.kr/kolisnet)에서
이용하실 수 있습니다. (CIP제어번호 : CIP2017005869)

그날의 양지

초판 1쇄 발행 2017년 3월 27일

지은이 이원문 **펴낸이** 임정일
책임 임병천 **편집** 김지해, 김수경 **디자인** 이동헌

펴낸곳 책나무출판사
출판신고 2004년 4월 22일(제318-00034)

주소 서울시 영등포구 신길3동 325-70 3F
전화 02-338-1228 **팩스** 0505-866-8254
홈페이지 www.booktree.info

ISBN 978-89-6339-528-9 03810